Themen der Psychologischen Praxis

Dipl.-Psych. Frank Hagenlocher

Jesus Christus sagt:

„Wenn nun der Sohn euch frei macht, werdet ihr wirklich frei sein".

(Bibel, Johannes Evangelium)

Themen der Psychologischen Praxis
Dipl.-Psych. Frank Hagenlocher
1.Auflage
Copyright 2017, Projekt-Existenz-Verlag
Herstellung und Verlag: BoD - Books on Demand, Norderstedt
ISBN.: 978-3-7431-8779-5

Vorwort

Ein Thema das normalerweise nicht im universitären Kontext vermittelt wird, das aber sicher seine fachliche und gesellschaftliche Berechtigung hat, ist das Thema der freien und systemunabhängigen Psychologischen Praxis.

In einer Zeit, die nach der mittelalterlichen Ständegesellschaft, der Monarchie- und Bürgergesellschaft und schließlich der Bürgergesellschaft der Parteien und Verbände, nun wie keine andere von Netzwerken und Systemen dominiert scheint, ist gerade der Gedanke, des freien und unabhängigen Unternehmens, oder in diesem Fall, der freien und unabhängigen Praxis, von weitreichender Bedeutung für die persönliche, aber auch für die psychische Freiheit und Unabhängigkeit, die eine gesunde psychische Entwicklung erfordert und ein gesundes Leben im psychischen Sinne benötigt.

Bedeutende Psychotherapeuten, wie Erich Fromm und viele andere haben immer wieder darauf hingewiesen (vgl. Erich Fromm; „Die Furcht vor der Freiheit"), wie wichtig eine unabhängige und eigenständige Entwicklung, und ein nicht determiniertes, freies Leben, für ein gesundes Seelenleben ist.

Aber auch in meiner persönlichen Entwicklung, als Schüler und Student, waren noch Lehrer und Professoren zu finden, die, als für mich große Vorbilder, den Gedanken von persönlicher Freiheit, Unabhängigkeit und Verantwortung, an ihre Schüler und Studenten zu vermitteln versucht haben.

Auch in der Literatur und Philosophie, kann man immer wieder Vertreter, dieser inneren und äußeren Unabhängigkeit und Verantwortung finden.

Gerade aber im Bereich der Psychologischen und Psychotherapeutischen Arbeit, ist diese Freiheit und Unabhängigkeit, von größter Bedeutung, nicht zuletzt um Patienten und Klienten, den unabhängigen, freien und damit objektiven und vor Manipulationen und Einflussnahmen sicheren Raum bieten zu können, in dem sie sich entwickeln, entdecken und manchmal auch ganz neu entwerfen können.

Frank Hagenlocher, im Winter 2016/2017

Inhalt

I. Persönliche- und theoretische Voraussetzungen
II. Materielle Voraussetzungen
III. Institutionelle Voraussetzungen
IV. Das Einzugsgebiet
V. Kooperationen
VI. Umgang mit Schwierigkeiten
VII. Theoretische Grundlagen
   1. Das Erstgespräch
   2. Therapieplanung
   3. Therapieverlauf
   4. Testsitzungen
   5. Widerstände
   6. Psychotherapie und Soziales Umfeld
   7. Das Abschlussgespräch
   8. Langfristige Stabilisierung von Therapieeffekten

Anhang:
   Therapeutische Arbeitsblätter
   Weiterführende Literatur

I. Persönliche- und theoretische Voraussetzungen

Die wichtigste Voraussetzung, für einen guten und gelungenen Eintritt in die praktische Arbeit als Psychologe, wenn man davon ausgeht, dass die notwendigen persönlichen Eigenschaften gegeben sind, ist sicher ein fundiertes, theoretisches Wissen im Bereich des eigenen Faches, aber auch in dessen Grenzgebieten.

Für den Bereich der Psychologie bedeutet ein fundiertes Wissen, bei den psychologischen Grundlagen zu beginnen. Dazu gehören zunächst, neben den biologischen Grundlagen, für das Zustandekommens psychologischer Phänomene, auch ein fundiertes Wissen darüber, wie sich psychologische Erkenntnis grundsätzlich gewinnen lässt, d.h. der Bereich der Wissenschaftstheorie, der für das Fach Psychologie deshalb besonders wichtig ist, weil sich viele psychologische Phänomene zunächst immateriell äußern, oder für gesicherte Messungen, auf einer materiellen Grundlage, schwer zugänglich sind.

Ausgehend von einem guten biologischen Grundlagenwissen und einer sicher erarbeiteten Wissenschaftstheorie, müssen dann ebenso die grundlegenden psychischen Phänomene erarbeitet werden, die zunächst von einer praktischen Anwendbarkeit noch entfernt scheinen. Dazu gehört vor allem die Allgemeine Psychologie, die Entwicklungspsychologie, die Neuropsychologie, und dann auch, mit sehr praktischen Bezügen, die Sozialpsychologie und die Persönlichkeitspsychologie.

Ist in diesen Fächern ein sicheres Fundament gelegt, erschließen sich die anwendungsbezogenen Fächer der Psychologie leichter und umfassender, und eine bessere Elaboration und Durchdringung des gesamten Themas wird ermöglicht.

Nahezu eine alltägliche Bedeutung, kommt dabei einem umfassenden und durchaus auch spezifischen Störungswissen, im Bereich der klinisch-

psychologischen Praxis zu. Dieses Wissen erstreckt sich von der Ätiologie, über die Epidemiologie, bis hin zu den praktisch relevanten Erscheinungsformen (Symptomen), von Störungsbildern und den entsprechenden Therapieformen und Interventionsmethoden.
Schließlich kommt auch der Evaluation therapeutischer Effekte, insbesondere Langzeiteffekten eine große Bedeutung zu.
Evaluation im Sinne der „Good Clinical Practice" (vgl. psychologische Literatur, z.B. Margraf), stellt dabei, genau genommen, eine kleine wissenschaftliche Arbeit dar, die für jeden Patienten und Klienten gemacht werden muss, um die Qualität der eigenen klinischen Arbeit sicher zu stellen.
Das heißt, wie war die Ausgangslage des Patienten oder Klienten, was wurde an therapeutischen Methoden und Interventionen versucht, und wie relevant und stabil war dabei das langfristige Ergebnis.
Eine nicht zwingende, aber im Sinne der Patienten und Klienten, sinnvolle Voraussetzung, stellt ein gewisses Maß an praktischer Erfahrung, bei der Übertragung von theoretischem, klinischem Wissen, in die konkrete Realität der Patienten und Klienten, dar. Hospitationen und Praktika, die von erfahrenen Kollegen mit reflektiert und begleitet werden, sind dafür sicher eine gute Möglichkeit.
Auch das sichere Formulieren von Dokumentationen, über Therapieverläufe, sowie das erstellen klarer und aussagekräftiger Abschluss- und Therapieberichte, im Sinne der Patienten und Klienten, ist eine wichtige Voraussetzung für eine gelingende praktische Arbeit.
Darüber hinaus ist die Fähigkeit zu selbständigem und selbstverantwortlichem Arbeiten wichtig.
Neben den theoretischen Kenntnissen, gibt es natürlich auch persönliche Eigenschaften, der Psychologin oder des Psychologen, die den praktischen Berufsalltag leichter machen. Dazu gehört vor allem ein gewisses Maß an sozialer Kompetenz, insbesondere Empathiefähigkeit und ein sicheres

Auftreten in Bezug auf Menschen oder in Gruppen von Menschen. Frustrationstoleranz kann generell in Umgang mit Menschen, auch außerhalb des psychologischen Arbeitsalltags, als eine wichtige Fähigkeit angesehen werden, die bei einer langfristigen Arbeit im sozialen Kontext, unerlässlich ist, und die immer wieder neu gestärkt werden muss, um bei dieser Art von Arbeit nicht aufzugeben oder „bitter" zu werden.

Soweit können die theoretischen Voraussetzungen und praktischen und sozialen Fertigkeiten beschrieben werden. Viel schwieriger, weil eher konstitutionell, in einer Person veranlagt, sind die notwendigen Fähigkeiten, die für eine langfristig zufriedenstellende Arbeit, in der psychologischen Praxis, wichtig sind. Dazu gehören, neben der bereits genannten, aber bedingt erlernbaren Empathiefähigkeit, ein hohes Maß an sensibler, sozialer Wahrnehmungsfähigkeit, die sich nicht nur auf den emotionalen Bereich einer Person bezieht, und ein hohes Maß an Introspektionsfähigkeit, das heißt ein hohes Maß an Sensibilität, für die Wahrnehmung eigener innerer, körperlicher und psychischer Vorgänge.

Nicht zuletzt gehört zu den notwendigen und wichtigen persönlichen Voraussetzungen, für eine gelingende, praktische, psychologische Arbeit, auch ein gutes Maß an Konfrontationsfähigkeit, das heißt, die Fähigkeit, Patienten und Klienten auch mit unangenehmen Tatsachen und Wahrheiten konfrontieren zu können, und dabei auch in der Lage zu sein, im Rahmen einer therapeutischen Beziehung, Konflikte auszuhalten. Diese ist allerdings im Rahmen der Sozialen Kompetenz erlernbar, und damit eigentlich eher eine Fertigkeit. In diesen Zusammenhang gehört auch ein gesundes Verantwortungsgefühl, das Patienten und Klienten weder gutgemeint entmündigt, noch lessifair beliebig ist.

II. Materielle Voraussetzungen

Vor der Gründung einer Psychologischen Praxis, muss man prinzipiell drei Arten von Kosten bedenken und beachten: Anschaffungen, fixe Kosten und laufende Kosten. Die Anschaffungen, die ein Psychologe bei der Einrichtung seiner Praxis tätigt, sind natürlich sehr individuell. Deshalb seien hier nur als Überblick, die wichtigsten Einrichtungsgegenstände genannt.

Anschaffungen sind einmalige Aufwendungen.

Anschaffungen:
- Zwei Sessel oder bequeme Stühle (Stühle für Gruppenangebote)
- Ein Schreibtisch
- Ein Bücherregal, für Diagnosesysteme,Testmaterial und Bücher zum Nachschlagen
- (Ein Gesprächstisch)
- Klemmbrett
- Schreibgerät (Gespräch)
- Schreibgerät (Abschlussberichte)
- (individuelle, persönliche Gegenstände um den Raum lebendig zu gestalten)

Fixe Kosten, sind Kosten, die regelmäßig anfallen, dabei aber nicht variieren.

Fixe Kosten:
- Raummiete (mit Heizkosten und Wasser)
- Kosten Berufsverband
- Kosten Supervision
- Kosten Fachzeitschriften

Laufende Kosten, sind Kosten, die regelmäßig anfallen, dabei aber in ihrer Höhe variieren (also schlechter planbar und vorhersagbar sind).

Laufende Kosten:
- Kommunikationsmittel
- Heizkosten, Wasser
- Schreibmaterial
- Fahrtkosten (Vorträge)

III. Institutionelle Voraussetzungen

Für eine freie Psychologische Praxis, ist ein guter und gepflegter Kontakt zu den umgebenden Institutionen aus drei Gründen wichtig:

1. Vertrauensvolles Nebeneinander
2. Voraussetzungen schaffen, für eventuell entstehende Kooperationen
3. Möglichkeit einer gewissen Versorgungsstabilität (Eiserne Reserve)

1. Wenn man sich in einer bestimmten Region, mit dem Ziel einer freien Psychologischen Praxis, niederlassen möchte, ist es zu nächst wichtig, einen bestimmten Bekanntheitsgrad zu erreichen, und damit verbunden, für das dort bereits etablierte Umfeld, das ebenfalls im sozialen Bereich arbeitet, ein gewisses und klares Profil zu bieten. Jeder möchte bekanntlich wissen, mit wem er es bei dem neuen Nachbarn zu tun hat und ob dieser vertrauenswürdig ist. Deshalb, empfiehlt es sich, sich vorher Gedanken, über das genaue Profil der eigenen Praxis zu machen, und diese auch in irgendeiner Form schriftlich zu formulieren, damit, mit dem entstandenen Material, an die ansässigen Institutionen heran getreten werden

kann.

Dabei ist es auch wichtig, von Anfang an, klar zu kommunizieren, dass eine freie Psychologische Praxis, nicht in lokale oder andere Systeme verwickelt sein kann und es einer klaren Systemunabhängigkeit bedarf, um eine gute und qualitativ hochwertige, unabhängige Arbeit leisten zu können. Um es in einem Beispiel aus der Praxis zu sagen, es ist schwierig, mit einer Krankenschwester, eines kirchlichen Krankenhauses oder Pflegeheimes, adäquat in der Praxis zu arbeiten, wenn der Psychologe abends mit dem Pfarrer, der ihr Chef ist, beim Bier sitzt, auch wenn der Inhalt der Arbeit nichts mit ihrem Arbeitsplatz zu tun hat.

Ist ein Termin, für eine gegenseitige Vorstellung, vereinbart, und die fachlichen Inhalte konnten klar kommuniziert werden, besteht eine gute Voraussetzung, für eine gute, und für die Arbeit objektive Nachbarschaft, die von Sympathie, aber nicht durch Dependenzen getragen ist.

Was nicht bedeutet, dass ein Pfarrer, dem die Praxis durch ein Vorstellungsgespräch bekannt ist, nicht zu einer Krankenschwester, einer örtlichen Institution sagen kann: „Fräulein Freundlich, gehen sie doch bitte, bevor sie gänzlich erschöpft und überarbeitet sind, zu dem Kollegen, der eine freie Praxis hat, und sprechen Sie vielleicht mit ihm, wie Sie besser mit Ihren Kräften haushalten können, und trotz, der vielen Dinge, die sie bei der Arbeit sehen, rechtzeitig, Feierabend machen können". Damit wäre dann das Thema Kooperationen erreicht.

2. Voraussetzungen für eventuelle Kooperationen schaffen
   Natürlich kann es ein echter Segen sein, wenn sich, in einer

bestimmten Region, im Umfeld von bestimmten Institutionen, eine freie und unabhängige Praxis befindet.

Zum einen kann sie eine gewisse Ressource für das eigene Personal darstellen, aber auch eine unabhängige Ergänzung bieten, die für Fragen oder Aufgaben, die dem eigenen Arbeitsbereich angrenzen, herangezogen werden kann.

Auch für das Thema Personalentwicklung kann eine freie Praxis, für bestimmte benachbarte Institutionen Potential bieten.

Um in dem gewählten Beispiel zu bleiben, kann ein Seelsorger beispielsweise feststellen, dass bei einer bestimmten Person, die um ein Gespräch gebeten hat, der übliche seelsorgerliche Rahmen nicht ausreicht, um langfristig eine gute Hilfe, oder Heilung zu bieten, weil möglicherweise ein klinisch relevantes Störungsbild vorliegt. In diesem Fall, könnte der Kollege, auf eine freie Psychologische Praxis hinweisen, die sich in der Region befindet, und ein christliches Profil hat, darüber hinaus, aber auch mit klinisch relevanten Symptomen und Schwierigkeiten vertraut ist.

Oder in einem Altenheim kommt es, durch bestimmte Umstände, vermehrt zu Konflikten, was die Leitung dazu veranlassen könnte, eine freien Psychologen um Supervisionsgespräche zu bitten, oder für den Fall, dass sich die Konflikte im Bereich der Bewohner befinden, um einige Fortbildungseinheiten, für die betroffenen Mitarbeiter, zum Thema Konfliktmanagement.

Natürlich gibt es viele Möglichkeiten, sich in kooperativer Weise, mit einer freien Psychologischen Praxis einzubringen. Eine wichtige Möglichkeit, nicht zuletzt auch, um den eigenen Bekanntheitsgrad zu erhöhen, sind Vorträge.

Auch Gutachtertätigkeiten, oder der Unterricht an Schulen, seien hier genannt.

3. Die Zusammenarbeit mit Institutionen, kann für eine freie Psychologische Praxis, auch die Möglichkeit bieten, während gewisser finanzieller Engpässe zu überleben. Da die Zahl von Patienten und Klienten erfahrungsgemäß schwanken kann, und auch eine Warteliste, zeitweise, nicht vorhanden sein kann, ist es wichtig, für solche Zeiten der Knappheit, vorzusorgen.

   Neben finanziellen Rücklagen, kann eine stabile Einnahmequelle, die von der Patienten- und Klientenzahl unabhängig ist, von Bedeutung sein. Der oben genannte Unterricht an einer Schule kann eine solche Möglichkeit sein, mit einer gewissen festgesetzten Stundenzahl, langfristig ein sicheres Standbein zu haben, das zumindest das Überleben sichert.

   Möglicherweise gibt es auch stabile Einnahmequellen, die in einem anderen Berufsfeld liegen, um damit langfristig Dependenzen gänzlich auszuschließen.

Prinzipiell müssen die Fragen gestellt werden: Was kann die Praxis langfristig für eine bestimmte Region bieten, was wird nachgefragt oder stellt sogar eine gewisse Versorgungslücke dar, und wie kann die eigene Versorgung, auch bei schwankenden Patienten- und Klientenzahlen, gesichert werden?

IV. Das Einzugsgebiet

Das Einzugsgebiet, das heißt, der regionale Bereich, von dem aus, eine freie Psychologische Praxis, gut erreichbar ist, ist natürlich von sehr langfristiger Bedeutung, für den Bestand einer Praxistätigkeit, im Idealfall bis zur Aufgabe der Praxis, aus Altersgründen. Aus diesem Grund, muss das Einzugsgebiet auch gut überlegt werden - und zwar wechselseitig. Das Einzugsgebiet ist natürlich zunächst, ein Einzugsgebiet für potentielle Patienten und Klienten, für die Praxis, aber auch der Psychologe selbst, ist Teil von vielen Anderen in der Region, zu deren Einzugsgebiet, er selbst gehört. Und hier stellt sich die Frage von wem und von was.

Der Psychologe muss sich, in Bezug auf seine Arbeit, die Fragen stellen, und auch klären, kann die Praxis allein aufgrund des Einzugsgebietes überleben?

Das bedeutet:

Wie hoch ist die Bevölkerungsdichte, bei gegebener guter Erreichbarkeit?
Wie gut oder schlecht sind dabei die epidemiologischen Bedingungen?
Gibt es Besonderheiten der Region, die die epidemiologischen Faktoren beeinflussen? (Z.B.: Gute Lebensbedingungen, eine hohe Lebenszufriedenheit in der Allgemeinbevölkerung usw.)
Wie ist die psychologische Versorgungslage, in der Region?
Wie gut ist die bestehende Versorgungslage, in Bezug auf das eigene Profil?
Wie gestaltet sich die Akzeptanz psychologischer Angebote, und insbesondere des eigenen Profils?
Sind fachliche Kooperationsmöglichkeiten gegeben? (Z.B. die Zusammenarbeit mit Allgemein- und Fachärzten).
Wie ist die Versorgungslage, bei Notfällen, die die eigenen Kompetenzen übersteigen?
Gibt es Intervisions-, und Supervisionsmöglichkeiten, oder zumindest einen

fachlichen Austausch?

Der Psychologe muss sich aber auch die Frage stellen, wie gestaltet sich die eigene Lebensqualität im regionalen Kontext:
Welche persönlichen Interessen bestehen über die Arbeit hinaus, und wie sind diese vertreten?
Ist das kulturelle Angebot ausreichend?
Besteht die Möglichkeit ein zufriedenstellendes soziales Netz, auch für das eigene Privatleben aufzubauen?
Kann sich die eigene Familie, in der Region, zufriedenstellend entwickeln?
Können eigene Hobbys und die gewünschte Freizeitgestaltung, ohne großen Aufwand, gelebt werden?
Wie ist die Anbindung in Bezug auf Reisen?
Ist die gelebte regionale Kultur ansprechend, sympathisch, oder überhaupt vorhanden?
Gibt es Schwierigkeiten mit der Mentalität?
Reicht die eigene Frustrationstoleranz, für gegebene Schwierigkeiten, in der Region?

V. Kooperationen

Auf das Thema Kooperationen wurde bereits ein Wenig eingegangen. Prinzipiell orientieren sich die Möglichkeiten, Kooperationen einzugehen, an dem gegebenen Profil der freien Psychologischen Praxis, und an den theoretischen und praktischen Voraussetzungen, der Psychologin oder des Psychologen, das heißt, an den Themen und Inhalten, die die jeweilige Kollegin, oder der jeweilige Kollege, theoretisch oder praktisch und auch persönlich, in der Lage, oder bereit ist, zu bearbeiten. An dieser Stelle seien einige Themenfelder angesprochen, die häufig Interesse finden:

Gesundheitspsychologie:
Die meisten Institutionen haben ein Interesse, an einer langfristig gesunden, stabilen und zuverlässigen Belegschaft, um unnötige Kosten, beispielsweise durch Fehlzeiten, oder Vertretungssituationen, zu vermeiden.

Personalentwicklung:
Auch eine kompetente und effiziente Belegschaft, ist langfristig günstiger, so daß sich, die Kosten für Personalentwicklungsmaßnahmen, ebenfalls langfristig, rechnen können.

Mentoring
Soll in bestimmte Personen speziell investiert werden, z.B. als Vorbereitung auf bestimmte Aufgaben, wie Auslandsaufenthalte, Fachgebietswechsel, Karriereentwicklungen usw., sind Unternehmen bereit, einzelne Mitarbeiter, die eigentlich keinen therapeutischen Bedarf zeigen, auch Einzelsitzungen zu gewähren, um neue Aufgaben meistern zu können.

Supervision/Mediation
Hierbei handelt es sich um die Bearbeitung von besonders belasteten Mitarbeitern, oder Teamsituationen, die einer gewissen außenstehenden, und objektiven Position, bedürfen.
Auch Team Konflikte sind an dieser Stelle zu nennen.

Vorträge und allgemeine Fortbildungen
Diese Vorträge dienen weniger der Effizienz eines Unternehmens, als vielmehr der langfristigen Zufriedenheit der Mitarbeiter, und orientieren sich an den Interessen der Mitarbeiter, aber auch an den Möglichkeiten der Psychologin oder des Psychologen, sich auch in neue Themengebiete einzuarbeiten.

Personalfragen

Insbesondere kleinere Unternehmen, greifen möglicherweise, bei der Personalauswahl, auf das Wissen und die Erfahrung einer externen Psychologin oder eines externen Psychologen zurück, und kaufen sich damit Auswahlverfahren von einer unabhängigen Stelle ein. Das kann auch der Fall sein, wenn eine gewisse Konkurrenzsituation unter mehreren Mitarbeitern besteht, und die Geschäftsleitung den Konflikt auslagern möchte.

Coaching

Auch die Geschäftsleitung kann, unter Umständen, Rat und Hilfe, in komplexen und Fachfremden Fragen, in Anspruch nehmen.

Wichtig ist bei diesen Kooperationsangeboten, dass sie kommuniziert und bekannt sind, wenn die betreffende Psychologin oder der betreffende Psychologe, die Voraussetzungen und Möglichkeiten besitzt, diese anzubieten.

VI. Umgang mit Schwierigkeiten

Auch bei der Gründung einer freien Psychologischen Praxis, kann es zu Schwierigkeiten kommen, die bei der Heterogenität der verschiedenen Einzugsgebiete, ebenso Heterogen sein können. Im konkreten Fall, muss die Kollegin oder der Kolleg, für sich klären, ob sie oder er, mit den Schwierigkeiten, langfristig leben kann und will.
Dabei empfiehlt sich, nicht zu schnell aufzugeben, und vielleicht, trotz anfänglicher Hürden, eine Weile durchzuhalten, und einfach seine Arbeit zu machen, da sich erfahrungsgemäß, viele Anfangsschwierigkeiten auch wieder verlieren, wenn der Nutzen einer freien Psychologischen Praxis, im

Einzugsgebiet erst einmal erkannt wird.

VII. Theoretische Grundlagen

1. Das Erstgespräch

Vor allem für eine freie Psychologische Praxis, ist das Erstgespräch von entscheidender Bedeutung, nicht nur für den Patienten oder Klienten, der sich ja auch seine Meinung bilden muss, und wird, sondern auch für die Psychologin oder den Psychologen, der sich sowohl ein klinisches Bild vom Patienten oder Klienten machen muss, aber gleichzeitig, diesen auch für eine weitere Therapie, in der freien Psychologischen Praxis, gewinnen muss.
Dieser Punkt ist sicher einer der schwierigsten, bei einer freien und unabhängigen Arbeit, als Psychologin oder Psychologe, dass man sich nicht auf feste, oder nahezu zwingende Strukturen der Zuweisung von Patienten oder Klienten verlassen kann, sondern selbst versuchen muss, in ausreichender Anzahl, Patienten und Klienten für die Praxis zu gewinnen, und diese auch, aufgrund der Freiwilligkeit, für den Verlauf der Therapie, motivieren muss, die Beratung oder Therapie, nicht aus irgendwelchen Gründen, abzubrechen.
Nachdem der Patient oder der Klient, vermutlich nach einer Voranmeldung, den Weg in die Praxis gefunden hat, ist es, für den Kollegen oder die Kollegin, zunächst wichtig, das aktuelle Anliegen zu verstehen. Das bedeutet nicht, dass im Hintergrund nicht noch andere Anliegen stehen, die eine Person veranlasst haben, den Weg in die Praxis zu suchen. Aber zunächst gilt es, das aktuelle Anliegen zu verstehen und auch klar zu artikulieren, dass das Anliegen verstanden wurde.

Im weiteren Verlauf, des Erstgespräches, wird es sicher um ein gegenseitiges Kennenlernen und ausloten des Patienten oder Klienten gehen, ob er sich hier an der richtigen Stelle, in Bezug auf sein Anliegen, oder auch seiner komplexeren Schwierigkeiten befindet. Im Gegenzug, muss die Psychologin oder der Psychologe, versuchen, Vertrauen zu schaffen, und auch erste Ideen für den Patienten oder Klienten finden, und formulieren, wie, sie oder er, sich aus der Sicht eines Therapeuten oder Beraters, eine Arbeit an den Schwierigkeiten vorstellen kann.

Ist eine gewisse Grundsympathie vorhanden, oder im Verlauf des Gesprächs entstanden, und der Patient oder Klient hat für sich den Eindruck gewonnen, dass er an dieser Stelle, Hilfe für sein Problem oder seine komplexeren Schwierigkeiten erhalten kann, ist eine gute Grundlage geschaffen, mit der gemeinsamen Arbeit fortzufahren.

Wenn die Kollegin oder der Kollege allerdings den Eindruck hat, für die Fragen und Schwierigkeiten des Patienten oder Klienten, nicht die richtigen Ansätze zu haben, oder auf Grund eigener Gegebenheiten, nicht die Voraussetzungen zu haben, an den Themen des Patienten oder Klienten zu arbeiten, sollte auch das klar formuliert werden, möglicherweise mit Vorschlägen, wo oder wie, die Thematik, in einem anderen Kontext besser bearbeitet werden kann.

Die beim Patienten oder Klienten entstandene Compliance, bezüglich des therapeutischen Settings, wird sicher, durch die Anwesenheit, bei den Folgeterminen, klar zum Ausdruck kommen.

Auf jeden Fall sollte, bei einer entstandenen, guten therapeutischen Grundlage, am Ende des Gesprächs, das weitere Formale Vorgehen besprochen werden, insbesondere, die Frequenz der Gespräche und der voraussichtliche Zeitliche Rahmen insgesamt, den die Psychologin oder der Psychologe für die Bearbeitung der Problematik erwartet.

2. Die Therapieplanung

Zu einem gesonderten Zeitpunkt, nach der Anmeldung und nach dem Erstgespräch, muss sich, die psychologische Kollegin oder der psychologische Kollege, Gedanken über den den Verlauf der Therapie oder der Beratung machen, wie sie oder er ihn erwartet.

Je nach Anzahl der Patienten oder Klienten, ist des dafür wichtig, dass sich die Kollegin oder der Kollege bei der Anmeldung, und bei dem betreffenden Erstgespräch bereits einige Notizen, insbesondere in Bezug auf biographische Ereignisse, und die biographische Entwicklung, gemacht hat.

Auf der Grundlage der eigenen Erinnerung, sowie der Notizen, und dem Eindruck, der aus der gegebenen Übertragungssituation, während den Gesprächen, entstanden ist, muss sich, die Kollegin oder der Kollege, jetzt Gedanken zu einer möglicherweise gegebenen Diagnose machen, oder zumindest die gegebenen Problemlage, kurz definieren. In der Zusammenschau mit der biographischen Entwicklung, kann nun, unter Berücksichtigung der dispositionellen Voraussetzungen des Patienten, der voraussichtliche Behandlungsverlauf, in der Weise geplant werden, dass die voraussichtlichen Inhalte der einzelnen Therapie oder Beratungsstunden schriftlich vorformuliert werden.

Dies ermöglicht zum einen, die eigene Orientierung, der Kollegin oder des Kollegen, darüber ob alle wichtigen Inhalte auch bearbeitet werden, oder worden sind, zum anderen, kann auch dem Patienten oder Klienten gegenüber, der voraussichtliche Weg skizziert werden, und auch in Bezug auf die Dauer der Therapie oder Beratung, eine einigermaßen klare Aussage gemacht werden.

3. Einzelsitzungen und Therapieverlauf

Die Einzelsitzungen orientieren sich weitgehend an der vorformulierten Therapieplanung, was nicht bedeuten kann, dass im weiteren Verlauf neue, oder zunächst nicht, vom Patienten oder Klienten, offenbarte Problematiken, dann doch kommuniziert werden, und dann, in den Behandlungsplan integriert werden.

Es kann auch zu tagesaktuellen Problemen kommen, die soweit sie, nicht in Kürze besprochen werden können, dann Vorrang vor dem festgelegten Therapieplan haben. Wichtig ist dabei, dass sich die Psychologin oder der Psychologe, bei solchen Priorisierungen, weitgehend an den Wünschen des Klienten orientiert, oder zumindest klar kommuniziert, aus welchen Gründen, ein bestimmtes Thema, momentan, aus Sicht, der Psychologin oder des Psychologen, Vorrang haben sollte.

Generell muss hier, mit dem Patienten oder dem Klienten, ein guter Weg gefunden werden, die aktuellen Therapieinhalte und den Therapieverlauf, so zu gestalten, dass der Klient zufrieden ist, dabei aber auch Probleme angegangen werden können, die dem Klienten unangenehm sind, oder gegenüber denen, er einen gewissen Widerstand entwickelt hat.

Es darf auch durchaus Therapiesitzungen geben, die in einem freien und lockeren Gespräch gestaltet werden. Für den Klienten kann das, im Sinne eines Sozialen Kompetenztrainings, einen gewissen Modellcharakter haben, für die Psychologin oder den Psychologen bietet, ein solches lockerer und wenig festgelegter Gesprächsverlauf, die Möglichkeit, andere, vorher nicht bekannte Aspekte des Patienten oder Klienten, kennenzulernen, oder Lebensinhalte zu evaluieren, für die der Patient oder Klient, bislang kein Problembewusstsein entwickeln konnte.

Von Zeit zu Zeit, bietet sich auch ein gewisses Rückmeldegespräch an, bei dem beide Seiten den Therapieverlauf gemeinsam reflektieren können, und die Möglichkeit besteht, auch Kritik und Verbesserungsvorschläge, zu äußern.

Bei besonderen Schwierigkeiten, kann es auch wichtig sein, dem Klienten die Möglichkeit anzubieten, sich zwischen den Therapiesitzungen melden zu dürfen. Beispielsweise für eine kurze Krisenintervention, oder auch im Sinne einer Verstärkung, dass, wenn der Klient eine schwierige Aufgabe gemeistert hat, er dieses, der Psychologin oder dem Psychologen, mitteilen kann. Wichtig ist, im gesamten Therapieverlauf, eine gewisse Verlässlichkeit in Bezug auf die vereinbarten Termine und die vereinbarten therapeutischen Hausaufgaben aufzubauen, und aufrecht zu erhalten, das gilt insbesondere dann, wenn sich der Patient oder Klient, zunächst subjektiv besser fühlt, und der Leidensdruck abnimmt.

4. Testsitzungen

Testsitzungen, das heißt, Therapieeinheiten, die speziell für die Durchführung psychologischer Tests reserviert sind, sind nicht bei jedem Patienten oder Klienten wichtig, außer man arbeitet streng im Sinne des „Good Clinical Practice", dann sind, mindestens, jeweils am Beginn einer Therapie oder Beratung, und am Ende, im ausreichenden Maße, das heißt, in dem Umfang, wie die klinische Problematik abgebildet werden kann, objektive, psychologische Testverfahren nötig, um einen positiven Verlauf der therapeutischen Maßnahmen, am Ende der Therapie oder Beratung, nachweisen zu können, oder bei einer gleichgebliebenen, oder verschlechterten Situation des Patienten oder Klienten, den Versuch unternehmen zu können, die Gründe für den ausgebliebenen Erfolg, finden zu können.

Testeinheiten empfehlen sich vor allem bei einem, für die Psychologin oder den Psychologen, unklaren klinischen Bild, in Bezug auf den Patienten oder

Klienten. Dieses kann sich auf qualitative Fragen beziehen, die man mit objektiven klinischen Tests zu beantworten versucht, beispielsweise differentialdiagnostische Fragen, aber auch auf quantitative Fragen, zum Ausmaß und Schweregrad, einer vermuteten klinischen Diagnose. Auch bei Fragen zur Persönlichkeit und Identität, die Patienten und Klienten manchmal beschäftigen, kann es hilfreich sein, an Hand von objektiven psychologischen Testverfahren, Patienten oder Klienten, ein verbessertes Bild, von sich selbst, zu ermöglichen. Viele Persönlichkeitsfragebögen bieten dafür im Auswertungsmaterial auch graphische Darstellungsmöglichkeiten, die insbesondere Laien, ein einfacheres Verständnis ermöglichen.

Gibt es vom Klienten Fragen, im Bereich der Selbsterkenntnis und Selbsterfahrung, die auf dem Wege, objektiver Testverfahren, gut beantwortet werden können, sollte dieser Weg auf jeden Fall genutzt werden, da er über das Gespräch hinaus, eine objektive Möglichkeit bietet, dem Patienten oder Klienten, Therapieinhalte aufzuzeigen, die er dann auch langfristig aufbewahren kann. Natürlich bedeutet die Durchführung von Testverfahren einen gewissen Mehraufwand, den man sich aber, von Patienten oder Klienten, erstatten lassen kann.

So dass gesagt werden kann, psychologische, und insbesondere klinische Testverfahren, sind dann wichtig, wenn ein Bedürfnis, zur kontinuierlichen Qualitätssicherung der Psychologischen Praxis besteht, was dann einen regelmäßigen Einsatz entsprechender Tests, mindestens zu Beginn und am Ende einer Therapie oder Beratung, bedeutet, bei Fragen in Bezug auf die genauere und objektivere Diagnostik, und auch bei Fragen, die möglicherweise von Patienten oder Klienten ausgehen, und sich auf die Persönlichkeit oder andere Inhalte psychologischer Selbsterkenntnis beziehen.

5. Widerstände

Zu Widerständen kann es, im Verlauf einer Therapie oder einer Beratung, aus unterschiedlichen Gründen kommen.
Am häufigsten entsteht ein Widerstand, gegen die Bearbeitung eines Themas, wenn dem Patienten oder Klienten klar wird, dass die Bearbeitung eines Themas, auch Folgen für sein soziales Umfeld hat, und er diese, auf Grund der Komplexität, die soziale Gefüge meist haben, nicht absehen kann, oder er sogar negative Veränderungen oder Konsequenzen erwartet.
Ebenfalls häufig ist die die Angst, die Bearbeitung eines Themas könnte für den Patienten oder Klienten, zu schmerzhaft sein, und er, bewusst oder unbewusst, beschließt, die Bearbeitung dieses Themas noch aufzuschieben, um es dann später zu bearbeitet. Die Vorstellung, oder der auch scheinbare Vorsatz, das Thema später zu bearbeiten, dient dabei der eigenen psychischen Entlastung, und macht den Leidensdruck, mit einem bestimmten, unbearbeiteten Thema zu leben, geringer.
Auch Scham, kann ein wichtiger Grund dafür sein, dass sich in der Therapie oder Beratung, ein Widerstand gegen die Bearbeitung eines bestimmten Themas entwickelt.
Klienten haben dann den Eindruck, wenn das Thema erst einmal angegangen wird, würde es für sie schwer kontrollierbar, und möglicherweise komme die ganze, schambesetzte Wahrheit ans Licht.
Letztlich geht es für den Therapeuten darum, die Bearbeitung des mit Widerstand besetzten Themas, für den Patienten oder Klienten, kontrollierbar zu gestalten.
So muss, beispielsweise, über mögliche Folgen, für das soziale Umfeld gesprochen werden, bevor das eigentliche Thema wirklich bearbeitet wurde. Auch die eigene emotionale Entwicklung des Patienten, bei der Bearbeitung eines schwierigen Themas, muss mit dem Patienten besprochen werden,

und dabei auch die Möglichkeiten, wie mit Schmerz und unkontrollierbaren Gefühlen, im Verlauf der psychotherapeutischen Arbeit, an dem angstbesetzten Thema, umgegangen werden kann.

Bei einem stark schambesetzten Thema, ist es wichtig, die Allgemeinheit menschlicher Schwächen zu betonen, und auch die Tatsache, dass die Psychologische Kollegin oder der Psychologische Kollege, im Verlauf seiner bisherigen Tätigkeit, möglicherweise, bereits viele verschiedene menschliche Schwächen bearbeitet hat.

Generell gilt es, die Chancen der Bearbeitung eines Themas, zusammen mit dem Klienten, mit den langfristigen Folgen, und dem peristierenden Leidensdruck, bei einer unbearbeiteten Thematik, abzuwägen und dabei die Entscheidung, für oder gegen, das „Sich-einer-Thematik-stellen", weitgehend ohne Manipulation, bei dem betreffenden Patienten oder Klienten, zu belassen.

6. Psychotherapie und Soziales Umfeld

Da Psychotherapie im Idealfall, auch eine Veränderung des Patienten oder Klienten bedeutet, die sich langfristig auch auf sein Umfeld, und insbesondere auf sein Soziales Umfeld, auswirken kann, kann man davon ausgehen, dass diese Veränderung, im Sozialen Umfeld des Klienten, auf unterschiedliche Reaktionen stößt.

So unterschiedlich Menschen sein können, so unterschiedlich wirken sie auch auf ihr soziales Umfeld. Dabei gibt es Menschen, die Veränderungen gegenüber aufgeschlossener sind, als andere.

Deshalb muss man bei beginnenden Veränderungen des Patienten oder Klienten, im Verlauf einer Therapie oder Beratung, meist auch mit Reaktionen darauf, aus seinem sozialen Umfeld, rechnen.

Wichtig ist, mit dem Patienten frühzeitig zu besprechen, dass es in seinem

Umfeld, sowohl Menschen geben wird, die sich über eine positive Veränderung freuen, und ihn unterstützen werden, als auch solche, die Veränderung an sich nicht schätzen, und möglicherweise auch die Veränderungen, die der Patient oder Klient im Verlauf der Therapie oder Beratung erreicht, im Besonderen, nicht schätzen werden. Dabei kann es von Vorteil sein, wenn gewisse Widerstände, gegen eine positive Veränderung des Patienten oder Klienten, bereits währen der psychologischen Gespräche auftreten, da man in diesem Fall, am konkreten Beispiel, den Umgang mit solchen sozialen Widerständen besprechen kann, und gemeinsam mit dem Klienten, Wege suchen, und deren Umsetzung, in Bezug auf solche Widerstände, einüben kann.

Hierbei reicht die Art und Weise, wie der Patient, im Alltag, konkret handeln kann, von einer klaren, und möglicherweise in den psychologischen Gesprächen eingeübten, „Abgrenzung", bis hin, zu einem Verlassen des Sozialen Umfeld, wenn eine Veränderung des Patienten oder Klienten zum Positiven hin, in keiner Weise akzeptiert werden kann.

Wichtig ist, für die Psychologische Kollegin oder den Psychologischen Kollegen, diese Thematik im Verlauf der Gespräche, im Blick zu haben, und gegebenen Falls auch konkret nachzufragen, und zu evaluieren, wie sich bestimmte Therapieinhalte, im Umfeld der Patienten oder Klienten, in seinem sozialen Alltag, auswirken.

7. Das Abschlussgespräch

Das Abschlussgespräch stellt, wie das Erstgespräch eine wichtige Wegmarke im Verlauf der Therapie dar, was dabei nicht bedeutet, dass das Abschlussgespräch, das letzte Gespräch, mit dem Patienten oder Klienten überhaupt sein muss.

Denkbar sind verschiedene Verläufe nach dem Abschlussgespräch.

1. Der Patient oder Klient ist, mit den in der Therapie oder Beratung erreichten Veränderungen und Erfolgen, zufrieden und verabschiedet sich bis auf Weiteres.
2. Der Patient oder Klient, ist zwar mit den erreichten Veränderungen und Erfolgen zufrieden, fühlt sich aber noch etwas unsicher damit, alleine, eine langfristige Stabilität zu erreichen, und möchte die Gespräche gerne mit größeren Abständen fortführen.
3. Der Patient oder Klient, ist zwar mit den erreichten Veränderungen und Erfolgen zufrieden, möchte aber noch weitere Themen bearbeiten, und bei dem bisherigen vereinbarten Setting, zunächst bleiben.
4. Der Patient oder Klient, ist mit den erreichten Veränderungen und Erfolgen nicht zufrieden, möchte aber auch keine weiteren Gespräche vereinbaren.

Für den Fall 1., geht es im Abschlussgespräch vor allem um eine gegenseitige Rückmeldung, die möglicherweise vom Allgemeinen, im Gespräch dann, zu den spezifischen Therapieinhalten kommt. Hier gilt es mit einer möglichst klaren Aufrichtigkeit, auch die Inhalte zu besprechen, die nicht so erfolgreich waren, oder auch im Verlauf der Therapie entstandene Verletzungen auszuräumen. Der Klient sollte dann, mit einer Zusammenfassung der wichtigsten Therapieinhalte, entlassen werden.

Für den Fall 2., gilt in etwa das gleiche, wie für den Fall 1., nur dass die voraussichtliche Frequenz und Anzahl, vorläufig festgelegt werden sollte, mit der stützende Gespräche statt finden sollen.

Der Fall 3., erfordert keine Verabschiedung, geht dann aber, im Verlauf, in eine Art Anamnesegespräch, zu den weiteren thematischen Inhalten, über. Bei gleichgebliebener Diagnose, werden die weiteren Themen festgelegt, und dann auch, gemeinsam, der voraussichtliche Zeitliche Rahmen, für diese Inhalte vereinbart.

Bei dem unter 4. beschriebenen Fall, wäre eine genaue Evaluation durch die Psychologin oder den Psychologen wichtig, woran die Therapie gescheitert ist, und oder weshalb der Patient oder Klient unzufrieden, war und ist.

8. Langfristige Stabilisierung der Effekte

Vor dem Abschlussgespräch sollte sich die behandelnde Kollegin oder der Behandelnde Kollege vergegenwärtigen, was die wichtigsten therapeutischen Inhalte, der zum Abschluss gekommenen Therapie waren. Nachdem mit dem Patienten oder Klienten im Abschlussgespräch die gegenseitige Rückmeldung über Therapieinhalte und Durchführung erfolgt ist, sollte, nochmal im therapeutischen Stil darüber gesprochen werden, welche erarbeiteten Veränderungen und Erfolge besonders wichtig waren und sind und wie diese langfristig für das Leben des Klienten gesichert werden können.

Dabei sollte die Psychologin oder der Psychologe eine Art Protokoll an legen auf dem, auf der einen Seite die Veränderungen und Erfolge aufgelistet werden, auf der anderen sollte in Stichworten vermerkt werden, welche Möglichkeiten es gibt, diese Erfolge langfristig im Alltagsleben der Patienten oder Klienten zu etablieren.

Es kann auch ratsam sein, konkrete Veränderungen, die der Patient oder Klient für sich in seinem Alltagsleben beibehalten möchte, mit ihm zusammen in einen Wochenplan zu übertragen, der alle wichtigen Aktivitäten einer Arbeitswoche beinhalten, und auch therapeutisch erarbeitete Inhalte integriert.

Darüber hinaus kann es auch wichtig sein, den Patienten oder Klienten auf weiterführende und vertiefende Literatur zu bestimmten Themen, hinzuweisen.

Auch die im Verlauf der Therapie gegebenen Arbeitsblätter, dienen selbstverständlich der langfristigen Stabilisierung von therapeutischen Effekten.

Anhang

A. Therapeutische Arbeitsblätter

Persönliche Daten:

- Name: Vorname:

- Geburtsdatum:

- Kontaktmöglichkeiten:

- Anliegen:

- Therapiebeginn:

- Vorläufige Diagnosen:

- Arbeitshypothese:

- Verlaufsdiagnosen/Komorbiditäten:

- Therapievorschlag:

- Abschluss/Ergebnis:

Erstgespräch:

- Aktuelle Beschwerden:

- Biographische Anamnese:

- Therapeutische Ziele (Klient):

Nachbearbeitung (Erstgespräch):

- Hauptsymptome:

- Nebensymptome:

- Ätiologische Annahmen:

- Therapeutische Hypothese:

- Therapeutische Ziele:

- Therapievorschlag:

Therapievereinbarungen:

Therapeutischer Verlauf (Notizen):

Störfaktoren (Notizen):

Einzelgespräch:

- Thema:

- Verlauf:

- Ergebnis/therapeutische Aufgabe und Interventionen:

- Widerstände/Beschwerden (Notizen):

Abschlussgespräch:

- Allgemeines Feedback:

- Feedback in Bezug auf das therapeutische Ergebnis:

- Feedback des Therapeuten/Ausblick:

B. Literatur

Autorennamen:

Erich Fromm
Hans Jonas
Carl Rodgers
Margraf (Good Clinical Practice)
Bibel (Copyright 2005, Verlag der Zürcher Bibel, Zürich)